Karl Otto Mühl · Lass uns nie erwachen

Karl Otto Mühl

Lass uns nie erwachen

Gedichte

NordPark

Originalausgabe

Gesetzt in der Berthold Baskerville Book
Umschlaggestaltung: MCG, Luzern/Berlin
Umschlagillustration: Rudi Knuf
Herstellung: Books on Demand GmbH, Norderstedt
Printed in Germany
ISBN 978-3-935421-21-8

NordPark Verlag · Klingelholl 53 · D 42281 Wuppertal
Besuchen Sie uns auch unter *www.nordpark-verlag.de*

Inhalt

Anhang

Lass uns nie erwachen

Abendstimmung

Wenn der Abend weiße Blitze
durch die dunklen Zweige schickt
streckt das Dunkel seine Arme
aus dem Dickicht nach uns aus

Wenn wir sinken werden wir
endlos sanft hinausgeleitet
träumen uns
doch sind wir uns
lange schon hinweggenommen

Die Gedanken springen krus
ziellos auf der Mondlichtweide
lass uns nie erwachen Traum
blutend in dem Weidenzaun

Hund fortgejagt

Der Bauer jagt den Hund vom Hof
der schleicht sich fort
ihn traf der Stein
von weitem jault er leise noch

Sein Jaulen hängt im grauen Zaun
und ein zerrissenes weißes Kleid
nachts liegt der Bauer lange wach
und meint der Morgen dämmert schon

Die Liebe wurde fortgejagt
sie wird nicht wiederkehren
er weiß er stirbt einst sehr allein
hier zwischen Stall und Ähren

Wintermorgen

Flämmchen springen
von Strauch zu Strauch
kalter Saphir
glüht im Laub

Durch kristallenen Schnee
scheint dein Gesicht
ein bleicher Mond
zieht uns voraus

Doch wenn er bleibt
der Frost
wird niemand
sich wieder begegnen

Schick uns einen anderen

Rosen tanzten gestern noch
Hand in Hand ums Bett der Braut
Hymenaios Fackel brennt

Unsre Lust will Ewigkeit
Leid verlöschen
Schmerz vergehn
doch wir stehn mit leeren Händen

Nun stürzt unser Dach auf uns
wir ersticken in den Trümmern
du blickst aber unverwandt
schweigend Gott auf uns herab

Blickst auf uns
auch wenn der Henker
glühend unser Fleisch versengt
blickst auf uns und
auf unser totes Kind

Gott du bist so seltsam Gott
schick uns einen anderen
Gott

Serenade bei Nacht

Siebenzart und Samtenweich
Neunmalklug und Tausendschön
lass mit Veilchen dich bedecken
Siebenzart und Tausendschön

Ging an deinem Haus bei Nacht
unerkannt von dir vorbei
sah zu deinem Fenster hoch
doch der Mond sah mehr als ich

Engel flogen zwischen Sternen
gold und weiß die großen Flügel
lass die Zeit nur schnell vergehn
Siebenzart und Tausendschön

Gestern

Es ist geschehen
gestern noch
Nackte frierend
im rauen Beton

Im Bunkerfenster
Winterlicht
verkündet den Tod

Das Unfassbare
es ist geschehen
der Gott des Mitleids
verhüllte sein Haupt

Frieden

Es gibt den Quell
aus dem die Dinge fließen
und alles mündet
in ein Meer von Licht

Dann ist kein Boden
und kein Himmel mehr
am Eingang lächelt
jemand dir entgegen

Wenn dann die Sonne
grün am Himmel steht
und Sterne blühn
wie weiße Anemonen

Wird Frieden sein
ganz heimatlos

Glück

Das grüne Tal
war weiß bekränzt
von Blütenzweigen

Von hölzernen Häusern
mit Großvatergesichtern
umringt
dazu sanfter zärtlicher Wind
wie Lächeln von Frauen

Grau-Weiss

Heute ein Glücksgefühl
in Grau und Weiß
strömt über mich
wie warmer Regen

Übers Grau-Weiß
hüpfen bunte
Gedanken

Dann aufgerichtet
blicken sie
mit hellen Augen
zu den Sternen
empor

Mit wem kann ich
darüber sprechen

Vielleicht mit einem
der Teppiche macht
fest geknüpft
und unsichtbar

Ohne Zeugen

Von dort wo es glänzt
strahlt nichts herab
Oder doch

Wenn nachts
einer am Bett sitzt
bleicher Bote
gibt's keine Zeugen
Oder doch

Du blickst am Morgen
in knisterndes Licht
hat jemand
deine Schulter berührt

Nachtwache

Donnernd schlägt
eisernes Tor
ich schrecke auf
und ein Schrei
reckt seine Arme

Und immer denk ich
ich sei es
ich sei gemeint

Bergziege selbst
am felsigen Hang
stiert nur auf mich
weiß nicht warum

Fällt auf die Wiesen
silbernes Licht
sagt mir
brich auf
aus der Lähmung

Gänseblüm

Ufer Bach
grau-grün
sind oberste Wahrheit
sonst nix

Schau nur um
sonst keine Wahrheit
sonst keine Zeit
niemand nichts nirgends

Zwinkerndes Auge
sieht keine Zeit
auch reines Herz
weiß nicht was wahr

Kleiner was tun
Träume nicht mehr
klein und bescheiden
ist schon genug

Vielleicht wird hell
der Morgenwind

Irgendwer

stand am Ufer
nächtelang
weißes Damwild
wittert scheu

Erst am Morgen
Frau da drüben
weiß ihr Haar
jung das Gesicht

Stand und stand
die ganze Nacht

Irrenhaus in Sachalin

Irrer Freund
in Sachalin
Holztisch Bank und
Ofenknattern

Hundert Irre
Zeit verrinnt

Keiner fasst mit beiden Händen
Erdenscheibe hebt sie
schmettert sie mit Zornesader

Zeit verrinnt

Ein Gesicht am
eisgen Fenster
schaut zuweilen

Zeit verrinnt

Kleiner Vogel

Kleiner Vogel
um mich herum
bist du geschwirrt

Winziges Auge
glitzerte braun
zwitschertest hell

Wie Silber
im Morgenlicht

Flogst fort
als mein Lächeln
erstarb

Nun seh ich wieder
Stäbe
um mich

Erinnerung

Einmal noch riechen
der Wüste Duft
ahnen die funkelnde Hoffnung
auf Zukunft und Frauen
daheim die Suppe
die Gans auf dem Tisch
den Weihrauch im Dom
die Feuchte im Wald
den Wind vom See

Warten am Kessel

Alle stehn sie
mit blanken Näpfen
warten geduldig
lächeln verlegen
heben die Hände
der rührt inzwischen
im Kessel herum

schüttet zuweilen
mit mächtiger Kelle
Pulver hinein
der Hoffnung Pulver

Gedichte

Es ist kinderleicht
ein Gedicht zu verfertigen
merk nur auf
was in dir glitzert
und brummt

beugt sich
über dich
lächelt verschmitzt
oder winkt
vom Waldrand
Ist das nicht leicht

Dann raunt eine Stimme
manchmal sehr schön
aber wehe
am Abend
und in der Nacht
hört sie nicht auf

Die anderen

Es gibt sie die Veilchen
mit treuem Blick
und andere freundliche Blumen

und Menschen, die
sanft zueinander sind
und Wanderabende die enden

mit Bratwurst und mit Bier
und Leute die dürfen
so leben
für lange Zeit

Schauspieler

Sie sind außer sich
auch ich wär gerne
außer mir

Aber der große
prächtige Raum
der mächtige Vorhang
machen mir Angst

Da sitz ich lieber
mit dir am Main
im Garten am Abend
und trink roten Wein

Winter

Die Schwäne
auf spiegelndem See
ziehn als Gespann
in den Himmel ein

Verzaubert
glüht Sonne
ein roter Ball
im Wintergrau

Der Abend fröstelt
hier ist keine Heimat
und niemand
hört deinen Ruf

Wunsch

So müsste es sein
ich klopfe ans kupferne Tor
und wenn es aufschwingt
leuchten die Wände
geädert mit Gold

Tief dröhnt ein Gong
durch mein Herz
und nie mehr nie
Angst Trübsinn
und Überdruß

Langsames Aufwachen

Zwei runde Augen
durchbohren den Nebel
zwei Rösser steigen
wiehernd empor
aus Wolkenschaum

Ich halt ihre Zügel
will irgendwohin
wo keiner mich kennt

Noch mein ich
um ein Kleines
könnt alles so sein
wie ich will

Das Heilige

Boot schaukelt im Schilf
komm sanfte Welle komm
treib mich im Sonnenglanz
heim in die Heimatstadt
staubgrau die Türme
am Horizont

Ruhig der Herzschlag
pocht in den Schläfen
Ruhe wie Himmelsblau
über den Ähren

Heut möcht ich glauben
weit hinter den Schluchten
grün wie ein Tal
in den Anden
weit noch dahinter

Dort muss es sein
Heiliges niemals gekannt

Vollendung

Was immer ich anfing
so richtig ist nichts
draus geworden
denk ich gerade

Die Spatzen zwitschern voll Häme
er nahm alles zu wichtig
viel war noch nie los mit ihm

Wär ich ein alter
bebrillter Mann im Garten
beim Stachelbeerstrauch

Und spräche leis
ein Gedicht vor mich hin
ein kleines Gedicht
in brummelnder Andacht

Keiner würde dann mäkeln
zu still und bescheiden
das kleine Gedicht
fällt niemandem auf

Brief

Dein langer Weg
du meintest
du wärst allein
doch sind um dich
freundliche Häusergesichter
Flüsse die Träume
meerwärts tragen
mir ist
als sähen dir Hunderte zu

Letztes Blatt

Flackert ein Kerzenlicht
liegt da ein Blatt vor mir
das letzte für heute
letztes für lange

Gesenkt mein Kopf
ich seh
wie er beidhändig
das Blatt zerreisst

Morgen

Aus düsterem
Loch des Turms
schwarzer Vogel fliegt
in nass-graue
dampfende Luft

Walnuss rollt
über den Boden
fern dröhnt
Trampeln der Pferde

Jetzt müsste
Neues geschehn
Weißes Grünes
Duftiges Schönes
so wie Musik

Menschlich

Nur ruhig mein Freund
wir sind nur Menschen
keiner ist rein

Nun ja
es gibt die Vergebung
die macht uns vielleicht
völlig rein

Du ehrlich
lieber möcht ich
niemand mehr leiden machen
von vorneherein

Hoffnung

Das Nichts hat nichts
es zu umarmen
wer hält den Sturz
ins Bodenlose

Wenn die Hoffnung verwest
tot im Stacheldraht
eine Lehrerin
mit strengem Gesicht
thront hinter dem Weltgericht

Wir staken durch Wolken
wie durch Schnee
zurück führt kein Weg
höchstens hinab

Das Unerträgliche

Eigentlich könnt ich
nur leben
wenn ich die Hölle vergäße
in der andere sind
vielleicht morgen ich

Sie rufen und strecken
die Hände empor

Ich lebe trotzdem
ich glaube
die Musik
ist zu laut

Ruf im Fallen

Durch gläserne Tore
stürmt das Licht
es kümmert sich nicht

Auge des Vorfahrs
im Ocker-Gesicht
blickt unverwandt

Stürzen vom Himmel
und wissen nicht
wer wir sind

Weihnachten

Der Vorhang reißt
das goldene Netz
der Sterne ausgespannt
im nachtgrünen Gras
blühn weiß die Lämmer
wir wussten es immer
die Stunde kommt
doch nun
voll heiligem Schrecken

Winterfreuden

Jetzt kommt der Winter
ich freu mich
an einem Stapel
aus frischem Holz

An deinem Gesicht
in den Flocken
die Wangen kühl
und rot
dass es immer so bleibt
verspricht jedes Scheit

Und auf dem Gipfel
der knatternde Wind

Raum und Zeit

Mein Schiff
geschwellt
vom Sternenwind
fuhr an den Rand
der Welt

Sah nach der Zeit
es gab sie nicht
der Zeiger ruckte
ein wenig voran

Krankheit

Ich wurde anders
als Kranker
bin so nicht mehr

Der nasse Abend
schlug an die Türe

Steh wenn du kannst
wenn Nebel sinkt
so lang das Lied
noch erklingt

Spaltung

Blitz spaltet Baum
Axt spaltet Scheit

Letzter Abschied
spaltet mich selbst

Hass spaltet Welt
kleiner Spalt Hoffnung

Die Eingeschlossenen
seh'n ihn nicht

Augenblick

Faden am Hosenbein
und im Aufblicken
kalt glühend
der Mond

An irgend jemand
freundlich denken
sonst ist Moment
nutzlos vorbei

Schaukelt
in Wolken
blickt ratlos herab

Das Paar

Aus grauer Wolle
strickt der Tag den Morgen
ein Paar sitzt ohne Wort
am Frühstückstisch
läßt sich mit kühler Sonne
überschütten

Sie wurden
dorthin gepflanzt
zusammengefügt
sie wissen es nicht

Sie ragen
hinein in die Zeit
schaun einander
verwitternd
in die Gesichter

Der Trinker

Kopf auf Tisch
nackter Blick und
nacktes Holz

Weiß keine Antwort
auf meine Fragen
weiß keine Frage
auf seine Antwort

Ist nur einer
von uns Vielen
bringt das Opfer
Mensch zu sein

Brunnen

Manchmal
holt man ein Wort
herauf aus der Tiefe
zieht es hoch
und sieht
die ganze Welt
hängt daran

Kein Verlass

Kleiner Eidechs
tanz für mich
auf dem Schwanz
dreh dich im Kreis

Bist sehr freundlich
wie Esel im Gras
wie Johanniskraut
um mich herum

Trotzdem
wenn ich euch brauche
regt ihr euch nicht

Ich fürchte
einst sterbt
ihr mit mir

Träumend

Wie sieht ein rasender
Zug aus von unten
wie klingt der Abschiedssatz
während man leichenerstarrt
dieses erfährt man
nur einmal

Ob du dran denkst
oder tränen die Augen von Zwiebeln
die Geister der Küche
wirbeln am Fenster empor

In der Welt ewigen Mangels
Erwartung von Fülle

Unerträglich dies Leben
wär da nicht der Tod
der sich verlegen
mit Blumen bekränzt

Familienschicksal

Es liegen Stücke herum
merkwürdig große
Kinder aus Herzen
der Eltern gerissen

Die Mutter tot
da liegen die Schuhe
von den Füßen gerissen
die Bombe barst

Erst gingen die Männer
geführt von Soldaten
bis an der Mauer
die Schüsse fielen

Schwarz ragt der Giebel
auf in die Nacht
flankiert von Mütteraugen
und Sternen

Ein Freund

Wie kommt man nach oben
er fand den Weg
den Weg steil dorthin
wo uns die Wolken umarmen
und wiegen

Gesicht aus Leder
fehlender Zahn
aber der Blick
so warm wie der
eines liebenden Hundes

Kenne keinen
der ihn nicht mag
nur schade sagen sie
zwei Flaschen Wein
am Abend
sind auf die Dauer zuviel

Schmetterlingsgruss

Schmetterling
tänzelt flattert
huscht hinweg

Sehr verwundbar
zarter Staub
auf den Flügeln

Den Brief an dich
werd ich nicht versenden
oder als Flaschenpost

Wenn schlammiges Meer
an Vulkanriffe klatscht
am Ende der Zeiten
trifft er ein

Abschiedsverse

Der an der Biegung
er blickte herüber
dann war er fort
ach ja, das warst du

Auch ich vergehe
die mich erinnern
vergehen auch

Wir treiben auf Wellen
beim Untergang
dann deckt uns alle
wogendes Grün

Dann kommt schon die Nacht
doch nie verlässt uns
das Heimweh
nach unseren Kindern

Ausflug bei Nacht

Wo Heimat war
ist Nacht geworden
nur heimlich tast
ich mich dorthin

Nie wird sie einer
nach mir finden
die Lichtung
im Tannenwald

Nur ich werd sie sehen
der Mutter glänzende Augen
das Lächeln im Sterben
nur ich voller Schrecken und Wahn

Tote

Die alte Frau
der Freund nahm mich mit

Wir schlossen auf
sie an der Wanne
sitzend und steif
die Vogelscheuche

Wie ein Mensch sich verwandelt
und anders wird

Der Freund ist tot
es leben die Kinder
in ihren Gärten
ist mittags der Frieden

Der summt und schwirrt
leise und zart
und hat auch Zeit
für die alten Gesichter
im Tannengezweig

Abschied

Hast vom Leben gelernt
wirst zum Schluss
gehorsam blind taub
und stumm

Fährst in die Geisterwelt
aus Weiß Laken und Licht
der Schrecken ist weiß

Am Ausgang die Mutter
sie lächelt und weint

Zum letzten Mal

Ende

Dann stehen meine Atemzüge
wie Zypressen
an meinem Lager
wenn leicht ein Vogel
sich nach oben schwingt

Und eine Feder
wiegt sich hinter ihm
Bedauern heißt sie
sinkt herab

Anhang

Das überzeugende Alterswerk von Karl Otto Mühl

In den siebziger Jahren zählte er zu den meistgespielten Dramatikern der Bundesrepublik, seine Theaterstücke wurden verfilmt und vertont und seine Romane »Siebenschläfer« und »Trumpeners Irrtum« entwarfen hochgelobte »skizzenhafte Gesellschaftsbilder der Wirtschaftswunderjahre« (FAZ) und zeigten seine Kunst »unscheinbaren Sätzen heimliches Gewicht und heimlichen Glanz zu verleihen.« (FAZ)
Nach der Neuauflage des großen Romans »Siebenschläfer« (2002) überrascht der Autor nun mit einem glänzenden Alterswerk, mit zwei neuen Romanen, in jenem »poetischen Realismus« und »Sätzen, die den Kern nie verfehlen.«

Nach einem lebenden Schicksal gestaltet

Mit seinem Roman »Hungrige Könige« beweise er sich wieder als »jener scharf beobachtende Zeitzeuge, dem es immer gelingt, scheinbar lässig und en passant seine Bestandsaufnahmen zu einer spannenden, lehrreichen Erzählung zu verweben.« (Westdeutsche Zeitung).

»Mühls Sprache sucht ihresgleichen: Still ist dieser Roman, auch wenn er laut ist. Rein sind die Sätze, nicht aufpoliert – ehrlich bis zur Bitterkeit.« (Wuppertaler Rundschau)

Eine Geschichte »mit sensiblem klugen Humor und einem Sarkasmus erzählt, der nie zynisch wird … in der zwei zwiespältige Männer auf ihrer Suche nach dem Sinn des Lebens sich selbst und ihrem Leben auf die Spur kommen und wichtige Einsichten erfahren – auch in die Notwendigkeit verzichten zu müssen.« (Hermann Schulz)

»Der Mann ist Realist – und gleichzeitig Poet.«

»Nackte Hunde« – die Vorgeschichte zum »Siebenschläfer«
Schon in seinem Roman »Siebenschläfer« war Karl Otto Mühl ein Chronist seiner Stadt und seiner Zeit, malte ein Bild der Jahre 1947–1957. Der neue Roman »Nackte Hunde« beschreibt die Zeit davor. Eine Kindheit und Jugend in Wuppertal in den dreißiger Jahren vor dem aufkommenden Krieg und in ihn hinein.
»Wieder einmal erweist sich Mühls außergewöhnliche Stärke in Sachen Atmosphäre.« (Wuppertaler Rundschau).
Gustav Lautner, 1923 geboren, verlebt seine Kindheit zwischen Träumereien von der Zukunft und hintergründigen Mutmaßungen über die Gegenwart. Er erlebt Freundschaft, Begeisterungen und erste Liebe und tastet sich durch das dunkle Terrain der Zeit, wächst in eine Gewaltherrschaft hinein.
»Leise und unprätentiös erzählt Mühl, wie sich die erst nur andeutende und dann schnell Wirklichkeit werdende Nazizeit Platz greift …«
Der für ihn überraschend ausbrechende Weltkrieg passiert ihm ebenso wie jedes Stadium der körperlichen und geistigen Reife, wird zum Teil des Heranwachsens, das man erst im Nachhinein betrachten kann. Der verletzliche, naive Außenseiter Gustav ist kein Held, weder als Kind noch als jener Soldat, der achtzehnjährig in den Krieg ziehen muss.

»Auch hier steht Mühls Sprache über allen Modeerscheinungen, über Geschwätz und Getue … Der Mann ist Realist – und im selben Atemzug ein echter Poet.«

»Blitzschnell hintereinander hat Karl Otto Mühl mit ›Hungrige Könige‹ und ›Nackte Hunde‹ bewiesen, dass wenige an ihn herankommen, wenn es darum geht, das Leben so aufzuschreiben, wie es ist: wahr und echt.« (Wuppertaler Rundschau)

Ein nach wie vor gültiges Werk der neueren deutschen Literatur

Protagonist einer veränderten Gegenwart: »Siebenschläfer«
Karl Otto Mühls größter Romanerfolg: 1975 erschien »Siebenschläfer«, der »autobiographisch gefärbte Lebensabschnittsbericht des Kriegsheimkehrers Ludwig Wolf, der in knappen, tagebuchartig geordneten Miniaturen seine unauffällige, merkwürdig antriebslose Existenz in den Jahren 1947–1957 notiert.« (FAZ)
»Ludwig Wolf ist ein tüchtiger, ja sogar ein erfolgreicher Mann und trotzdem kein Normalbürger ...« beschrieb Günter Blöcker in der FAZ im Jahre 1975 in seiner Besprechung der ersten Ausgabe des Buches »Siebenschläfer« von Karl Otto Mühl die Hauptfigur des Romanes, mit dem der Dramatiker Mühl schlagartig auch als Romautor bekannt wurde: ein milieukundiger Beobachter von hohen Graden, der Einblicke in eine literarisch wenig erschlossene Arbeitswelt gab, Einblicke, die ebenso genau wie – zuweilen – ironisch pointiert sind.
Ein Drittel Jahrhundert nach seiner Entstehung liefert »Siebenschläfer«, ein durchaus noch gültiges Stück zeitgenössischer Literatur, ohne weiteres einen Grund dafür, einen Roman von gestern zu verlegen, der von vorgestern erzählt. Ein Buch über die Entscheidung zur Nichtkarriere, kann das noch gültig sein? Oder vielleicht heute erst recht? Genau hier trifft Karl Otto Mühls nüchterne und zugleich subtil verspielte Betrachtungs- und Ausdrucksweise, keiner sprachlichen Mode und kurzlebigen Attitüde unterworfen, nach wie vor ins Schwarze.

»Von dem heimlichen Glanz haftet ›Siebenschläfer‹ noch soviel an, daß es sogar etwas unheimlich scheint …«
(Andreas Rossmann, FAZ)

Lakonischer Rückblick ohne Bitterkeit

»Inmitten der Rätsel«

Kurz vor seinem Achtzigsten überraschte Karl Otto Mühl mit einem Debüt: dem Gedichtband »Inmitten der Rätsel«. Erst in seinen späteren Jahren hatte Mühl zu der persönlichsten Form des Schreibens gefunden und »zu einem Ton, der in seiner Eigenheit überzeugt« (Michael Zeller)

Mühls Gedichte schauen auf ein lang gelebtes Leben zurück und lassen es aufleuchten in lakonisch knappen Versen, in denen kein Besserwissen, schon gar nicht Bitterkeit zu finden ist, sondern »Nachsicht, Weichheit, Melancholie und die Trauer vieler Abschiede. «

» ›Inmitten der Rätsel‹ ist ein Buch der leisen Töne, nicht der großen Worte. Es ist dem Alltag auf der Fährte, nicht der Sensation. Es ist sehr persönlich und doch weit mehr.« (Westdeutsche Zeitung).

Karl Otto Mühl beweist sich in seinem Gedichtband » … wieder als sehr sensibler Sprachvirtuose, der mit knappen Formulierungen unerwartete Einblicke gewährt.« (Israel Nachrichten).

Die zurückhaltende, sachliche Sprache, die Karl Otto Mühl in seinen bisherigen Werken schrieb, findet man auch in seinen Gedichten und » ... immer wieder hochkarätige Solitäre, die sprachlich und von der Bildkraft überzeugen.« (Wuppertaler Rundschau)

»Und nun wundert man sich, dass sich in dem stillen Beobachter und sanftbissigen Chronisten des Angestelltenlebens ein lyrisches Ich gemeldet hat, das vor allem von sich erzählen will, auch wenn es in ein Du schlüpft. Liest man aber seinen ersten Roman ›Siebenschläfer‹ genau und nach der Lektüre der Gedichte noch einmal, so stellt man fest, es war da schon da, dieses Ich, und es geht um nichts anderes als um dieses Ich. «(Jörg Aufenanger)

Biografie

Karl Otto Mühl wurde am 16.2.1923 in Nürnberg geboren. 1929 folgte der Umzug der Familie nach Wuppertal. Dort Ausbildung zum Industriekaufmann. 1941 Kriegsdienst in Afrika, Gefangenschaft in Ägypten, Südafrika, USA, England.
Im Februar 1947 Rückkehr nach Wuppertal, wo er sich der Künstlergruppe »Der Turm« anschließt, der auch Paul Pörtner angehört. Erste Kurzgeschichten werden 1947/48 veröffentlicht. Am Carl-Duisberg-Gymnasium holt er 1948 das Abitur nach, danach Werbe– und Verkaufsleiter in Maschinen- und Metallwarenfabriken. Erst in der Mitte der 60er Jahre gelingt es ihm wieder, kontinuierlich zu schreiben. Zwischen 1964 und 1969 entsteht der Roman »Siebenschläfer« (veröffentlicht 1975), mit den Theaterstücken »Rheinpromenade«, »Kur in Bad Wiessee«, »Die Reise der alten Männer« gelingt ihm der Durchbruch.
Seitdem veröffentlichte Karl Otto Mühl dreizehn Theaterstücke, zahlreiche Fernsehfilme, Hörspiele und Romane.
Die Stadt Wuppertal verlieh ihm 1975 den Eduard von der Heydt Preis.
Im NordPark Verlag erschienen bisher der Gedichtband »Inmitten der Rätsel«, die Neuauflage des Romans »Siebenschläfer«, die Gedichte und Lieder aus dem Theaterstück »Das Privileg« und die Romane »Nackte Hunde« und »Hungrige Könige«.

Bibliografie, Auswahl

Bücher:
Siebenschläfer. Roman. 1975
Trumpeners Irrtum. Roman. 1981
Ein Neger zum Tee. Ein Heimatstück. 1995
Fernlicht. Roman. 1997
Jakobs seltsame Uhren. Bilderbuch. 1999
Das Privileg. Ein Volksstück. Die Gedichte und Lieder. 2001
Inmitten der Rätsel. Gedichte. 2001
Siebenschläfer. Roman. 2002
Hungrige Könige. Roman. 2005
Nackte Hunde. Roman. 2005

Theaterstücke:
Rheinpromenade. UA Wuppertaler Bühnen, 1973
Rosenmontag. UA Bühnen der Stadt Essen,1975
Kur in Bad Wiessee. UA Wuppertaler Bühnen, 1976
Wanderlust. UA Schauspielhaus Bochum, 1977
Hoffmanns Geschenke. UA Schauspielhaus Bochum, 1978
Die Reise der alten Männer. UAWuppertaler Bühnen, 1980
Kellermanns Prozeß. UA Städtische Bühnen Nürnberg, 1982
Am Abend kommt Crispin. UA Städt. Bühnen Münster, 1988
Die Weber von Gerhard Hauptmann. In einer Neubearbeitung von Karl Otto Mühl. UA Wuppertaler Bühnen, 1989
Verbindlichen Dank. UA Stadttheater Ingolstadt, 1994
Ein Neger zum Tee. UA Wuppertaler Bühnen, 1995
Fremder Gast. UA Deutsches Theater Göttingen, 1995
Das Privileg. UA Schillertheater NRW in Wuppertal, 2001

Hörspiele:
Rheinpromenade. SDR/SFB. 1974
Rosenmontag. WDR. 1975
Die Reise der drei alten Männer. SDR. 1975
Kur in Bad Wiessee. SDR/SFB. 1977
Wanderlust. SDR/NDR. 1978
Geh aus, mein Herz ... WDR/SFB. 1978
Grabrede auf Siephacke. SDR/SFB. 1978
Hoffmanns Geschenke. SDR/SFB. 1978
Tanzstunde. SDR. 1979
Kellermanns Prozeß. WDR/SDR/BR/SFB. 1980
Morgenluft. RB/NDR. 1980
Zu kurz die Zeit auf Kreta. WDR. 1983
Am Abend kommt Crispin. WDR. 1985
Fremder Gast. WDR. 1988

Fernsehfilme:
Rheinpromenade. ZDF. 1973
Rosenmontag. ARD. 1974
Kur in Travemünde. ARD. 1979
Wanderlust. (Bühnenfassung). ZDF. 1979
Hoffmanns Geschenke. (Bühnenfassung). ZDF. 1980
Kellermanns Prozeß. ZDF. 1983
Trumpeners Irrtum. ARD. 1988

Karl Otto Mühl

Die alten Soldaten

Roman

Paperback, ca. 180 S., Winter 2008/09, ca. 14.00 Euro

ISBN: 978-3-935421-22-5

Sie haben sich eingerichtet im Leben danach, die alten Soldaten, doch nicht bei allen ist alles vorbei.
Caspers bewegt sich durch ein gedämpftes Leben, eine unaufgeregte Karriere und durch die Erinnerungen, bis ihn in den späten 1960er Jahren Patrick, der Kommandant seines Kriegsgefangenenlagers, der zum Freund geworden ist, besucht, ihn und die alten Soldaten. Niemand ahnt, dass es ein letztes Wiedersehen sein wird und ein neuer Aufbruch für Caspers.
»Die alten Soldaten« beendet Karl Otto Mühls Trilogie, die mit »Nackte Hunde« die Jugend im Dritten Reich, Kriegseintritt und Gefangenschaft und in »Siebenschläfer« die Heimkehr und den Neuanfang beschrieb.
In Caspers später Suche nach Erfüllung legt Mühls nüchterne, doch eindringliche Sprache die Verletzungen der Seele bloß, die der Krieg dem Menschen bringt ...

Karl Otto Mühl

Nackte Hunde

Roman

Paperback, 208 Seiten, 2005, 12.00 Euro

ISBN: 978-3-935421-06-5

Die Verwandten des Gustav Lautner, Jahrgang 1923, sind durchschnittliche, einfache Bürger, Deutsche in einer Zeit, die das Deutschsein zu einem besonderen Schicksal machte. Inmitten der Selbstverständlichkeiten jener Jahre lebt er seine Kindheit zwischen naiven Träumereien und hintergründigen Mutmaßungen, doch mit einem Geheimnis, das ihn zum Außenseiter in seinem Land macht. Der für ihn überraschend ausbrechende Weltkrieg passiert ihm ebenso wie jedes Stadium der körperlichen und geistigen Reife, wird zum Teil des Heranwachsens, das man erst im Nachhinein betrachten kann. Gustav ist kein Held, weder als Kind noch als Soldat, nicht in diesem Leben.

Mit Gustavs Entwicklung beschreibt Karl Otto Mühl auch seine eigene, einfühlsam, mit nüchterner Präzision und ohne Attitüde der Betroffenheit als stilles, spannendes Zeitdokument.

Gustav überlebt diese Zeit, er kehrt desillusioniert und erwachsen aus der Gefangenschaft nach Hause zurück. Nach Hause – wohin? In die ausgebrannte Stadt, die Kindheit, die Erinnerung … in den Anfang eines neu zu suchenden Lebens und auch in den Anfang von Mühls 1975 erschienenem bekannten Roman »Siebenschläfer«.

Karl Otto Mühl
Hungrige Könige
Roman
Paperback, 192 Seiten, 2005, 12.00 Euro
ISBN: 978-3-935421-05-8

Jürgen Demessieur ist Leiter der Arbeitsvorbereitung in der Pumpenproduktion. Wenige Jahre hat er noch zu arbeiten, und bei Emdenbourg ist man zufrieden mit dem fleißigen Mann, der nichts mehr hasst als anzuecken. Alles deutet auf einen biederen Ruhestand hin – Ehefrau, zwei Kinder, Enkel, Reihenhaus, Turnverein und gelegentliche Kuren. Der Traum vom kleinen Glück ist nah, doch dann kommt Demessieur der dichtende Werkschützer Zajonski mit seiner Gier nach Anerkennung in die Quere, und plötzlich ist es aus mit der Beschaulichkeit.
Karl Otto Mühl erzählt ohne Pathos, doch empathisch und humorvoll von der schwierigen Freundschaft zweier Männer, die verschiedener kaum sein könnten und doch einander in ihrer Weltfremdheit und ihrer Sehnsucht nach dem richtigen Leben über den Tod hinaus verblüffend ähneln.

Karl Otto Mühl
Siebenschläfer
Roman
Paperback, 180 Seiten, 2002, 14.00 Euro
ISBN: 978-3-935421-02-7

Rückkehr aus der Kriegsgefangenschaft nach Wuppertal, Währungsreform, ein Arbeitsplatz, beruflicher Erfolg, der Wunsch, sich im Leben einzurichten – tagebuchartig knapp, unprätentiös und äußerst präzise setzt Karl Otto Mühl hier ein Bild der Jahre 1947–1957 zusammen, geschrieben aus der Sicht eines mittleren Angestellten, der nachdenklich genug bleibt, um sich am Schluß der großen Karriere zu verweigern. Dieser Roman ist ein Zeitdokument und zugleich ein nach wie vor gültiges Werk der neueren deutschen Literatur.

»Ludwig Wolf ist ein tüchtiger, ja sogar ein erfolgreicher Mann und trotzdem kein Normalbürger.« beschrieb Günter Blöcker im Jahre 1975 in seiner Besprechung der ersten Auflage des Buches *Siebenschläfer* von Karl Otto Mühl die Hauptfigur des Romanes, mit dem der Dramatiker Mühl schlagartig auch als Romanautor bekannt wurde: ein milieukundiger Beobachter von hohen Graden, der Einblicke in eine literarisch wenig erschlossene Arbeitswelt gab, Einblicke, die ebenso genau wie – zuweilen – ironisch pointiert sind. Der Lebensbericht des jungen Kriegsheimkehrers Ludwig Wolf, der seinen Platz in der Gesellschaft suchte und den beinahe absurd erscheinenden Mut aufbringt, seine berufliche Karriere an einem Punkt zu stoppen, wo sie der Integrität seiner persönlichen Existenz gefährlich werden könnte.

Karl Otto Mühl
Inmitten der Rätsel
Gedichte 1997-1999
Paperback, 84 Seiten, 2001, 10.50 Euro
ISBN: 978-3-935421-02-7

»›Der Horizont hinter den ich spähen möchte, ist mein Tod‹, ist auf der ersten Seite des Siebenschläfers zu lesen, der Karl Otto Mühl 1975 auch als Romanautor bekannt gemacht hatte. [...] Mehr als 25 Jahre später nun diese Sammlung von Gedichten. In ihnen ein Widerschein des Lebens und der Sehnsucht nach Leben, bevor Tod ist, Widerschein vom falschen Leben im Richtigen, vom richtigen Leben im Falschen, von Versäumnissen, Unzulänglichkeiten, Fehlern und Schuld.«
(Aus dem Vorwort von Jörg Aufenanger)

»... kurz vor seinem Achtzigsten [...] hat Mühl zu der persönlichsten Form des Schreibens gefunden und zu einem Ton, der in seiner Eigenheit überzeugt.« *Nürnberger Nachrichten*

»Ein Buch der leisen Töne, nicht der großen Worte. Es ist dem Alltag auf der Fährte, nicht der Sensation.« *Westdeutsche Zeitung*

»... beweist sich in seinem neuen Gedichtband wieder als sehr sensiblerSprachvirtuose, der mit knappen Formulierungen unerwartete Einblickegewährt.« *Israel Nachrichten*

Karl Otto Mühl

Das Privileg

Ein Volksstück aus dem Wuppertal

Die Gedichte und Lieder

Die besonderen Hefte

Geheftet, 52 Seiten, 2001, 5.50 Euro

ISBN: 978-3-935421-04-1

Das Wuppertal um 1527 nach Christi.
Gebleichtes Garn aus dem Tal der Wupper war berühmt. Aber es gab Konkurrenz, die es auszuschalten galt, sollte der wirtschaftliche Mittelpunkt des Tals gedeihen und wachsen. Herzog Johann III gewährt Elberfeld und Barmen ein Monopol, »Das Privileg«, gegen Zahlung von 861 Goldgulden, die von 42 Bürgern, Kaufleuten und Bleichern, aufgebracht werden.

Karl Otto Mühls Schauspiel »Das Privileg« zeigt die Menschen dieser Zeit in ihrem Existenzkampf, in ihrem Ringen um Befreiung und in ihrer Sehnsucht nach Erlösung.

Der Band vereint die Gedichte aus diesem Schauspiel. Es sind die erfundenen Gedichte einer erfundenen Else Lasker-Schüler, die als zeitlose Geistfigur ungehört durch die Szenen wandelt …

Die Titel des NordPark-Verlages können über jede gute Buchhandlung bezogen werden.
Dort berät man Sie gern.
Sollte keine in Ihrer Nähe sein,
schicken Sie Ihre Bestellung
einfach an uns.

NordPark Verlag
Klingelholl 53
42281 Wuppertal
Telefon 0202/ 51 10 89
Fax: 0202/2988 959
e-mail:miersch@nordpark-verlag.de
www.nordpark-verlag.de